D1717449

Christine Wieching

"Wir berichten über Themen, die uns etwas angehen!"

Konzeption und Erstellung einer Online-Schülerzeitung im Rahmen einer Zeitungs-AG mit Schülerinnen und Schülern der Jahrgangsstufen 8 – 10 unter Berücksichtigung der Lokalzeitung

Bachelor + Master
Publishing

Wieching, Christine: "Wir berichten über Themen, die uns etwas angehen!": Konzeption und Erstellung einer Online-Schülerzeitung im Rahmen einer Zeitungs-AG mit Schülerinnen und Schülern der Jahrgangsstufen 8 - 10 unter Berücksichtigung der Lokalzeitung, Hamburg, Bachelor + Master Publishing 2013
Originaltitel der Abschlussarbeit: "Wir berichten über Themen, die uns etwas angehen!" – Konzeption und Erstellung einer Online-Schülerzeitung im Rahmen einer Zeitungs-AG mit Schülerinnen und Schülern der Jahrgangsstufen 8 - 10 unter Berücksichtigung der Lokalzeitung

Buch-ISBN: 978-3-95549-323-3
PDF-eBook-ISBN: 978-3-95549-823-8
Druck/Herstellung: Bachelor + Master Publishing, Hamburg, 2013
Zugl. Westfälische Wilhelms-Universität Münster, Münster, Deutschland, Staatsexamensarbeit, Mai 2011

Bibliografische Information der Deutschen Nationalbibliothek:
Die Deutsche Nationalbibliothek verzeichnet diese Publikation in der Deutschen Nationalbibliografie; detaillierte bibliografische Daten sind im Internet über http://dnb.d-nb.de abrufbar.

© Bachelor + Master Publishing, Imprint der Diplomica Verlag GmbH
Hermannstal 119k, 22119 Hamburg
http://www.diplomica-verlag.de, Hamburg 2013
Printed in Germany

Inhaltsverzeichnis

1   Einleitung

Die Veränderung von der Dienstleistungsgesellschaft zur Wissensgesellschaft beschreibt mit dem Begriff „Globalisierung" das Zeitalter, in dem die Schüler[1] in der heutigen Zeit aufwachsen. Neue Medien sind maßgeblich mit dieser Entwicklung verbunden. In vielen Berufen wird ein kompetenter Umgang mit dem Computer gefordert. Die Kompetenz breitet sich darüber hinaus auf andere Lebensbereiche aus, z.B. in sozialen Netzwerken wie SchülerVZ oder facebook, bei denen die Nutzer interaktiv in einen Dialog treten können. Der Umgang mit neuen Medien ist daher eine wichtige Schlüsselqualifikation, die es zu entwickeln und fördern gilt.[2]

Besonders Jugendliche nutzen das Internet als Informationsquelle, in der sie bspw. Informationen für das nächste Referat recherchieren oder sich einfach über das nächste Urlaubsziel informieren. Die Informationen sind schnell und leicht zugänglich, so dass Zeitungen über immer weniger verkaufte Auflagen klagen, während Erwachsene und Jugendliche immer mehr Zeit im Internet verbringen. Daraus resultiert der Bedarf eine Online-Schülerzeitung zu erstellen, um der Zielgruppe, nämlich den Schülern, gerecht zu werden.[3]

An meiner Ausbildungsschule in der Lehramtsausbildung ergab sich vor einigen Jahren das beschriebene Problem, dass die damals existierende Schülerzeitung regelmäßig bis zu 400 Exemplare der Schülerzeitung druckten, die jedoch letztendlich nicht von den Schülern gekauft wurden. Die Schülerzeitung wurde unter den Schülern ausgetauscht, aber nicht jeder kaufte sich ein eigenes Exemplar. Nicht verkaufte Zeitungen waren nach kurzer Zeit für den Verkauf wertlos, da die Themen an Aktualität verloren. Schließlich stellte die Redaktion die Arbeit ein, da die Auflagen nicht verkauft wurden und die Werbe- und Druckkosten nicht mehr gedeckt werden konnten. Der Bedarf eine Schülerzeitung zu erstellen, auch in einer online gestellten Version, sowie die Arbeit in einer Redaktion ist bei der Schülerschaft dennoch erhalten geblieben. Insgesamt ergibt sich daraus die Relevanz eines Konzeptes zur Gestaltung und Erstellung einer Online-Schülerzeitung zur Weiterentwicklung des Schulprogramms.

---

[1] In dieser Arbeit wird der Begriff „Schüler" übergeordnet für beide Geschlechter verwendet.
[2] Vgl. Busse, S. (2002), S. 7
[3] Vgl. Sochowski, T. (2010), S. 76

2 Neue Medien in der Schule

2.1 Definition Neue Medien

Gegenüber traditionellen Medien, wie zum Beispiel Hefte, Schaubilder, Filme etc., weisen Neue Medien wie die Online-Schülerzeitung besondere Eigenschaften auf. Die Inhalte können in das World Wide Web übertragen werden, so dass sie weltweit abrufbar sind. Bei den Neuen Technologien können die Nutzer interaktiv in Dialoge treten, z. B. durch Gästebücher auf einer Webseite. Weiterhin gibt es keine zeitlichen und räumlichen Einschränkungen, da Texte, Bilder und Videos uneingeschränkt in das Internet eingestellt werden können. Ergänzend besteht die Möglichkeit durch sogenannte Links auf andere Seiten, Videos etc. zu verweisen. Weitere Merkmale der Neuen Medien sind der Zugang und die Aufbereitung von Wissen. Diese unterliegen keiner durch das Medium vorgegebenen Linearität. Das heißt, dass der Nutzer nicht von der einen Seite zur nächsten umblättert, sondern durch Verlinkungen der einzelnen Texte die Leserichtung nach seinem Interesse bestimmen kann.[4] Auf der Grundlage dieser Merkmale ist die Erstellung und Gestaltung der Online-Schülerzeitung in den Bereich der Neuen Medien einzuordnen, denn die Schüler schaffen unter Anleitung im World Wide Web die Grundlage der Internetseite, auf der sie anschließend ihre Artikel veröffentlichen.

2.2 Neue Medien und Schülerzeitung

2.2.1 Vorteile einer Online-Schülerzeitung

Auch bei Schülerzeitungen greift der in der Einleitung beschriebene Trend die Informationen online zu stellen und sie auf diesem Wege zu verbreiten. Diese Vorgehensweise hat für die Schülerzeitungsredaktion und auch für die gesamte Schülerschaft verschiedenste Vorteile. Die Redaktion kann schnell über aktuelle Themen berichten und weitergehend diese schneller veröffentlichen als bei einer Zeitung im Printformat. Beim Printformat müssen alle Artikel der Autoren geschrieben sein und die gesamte Gestaltung der Seiten, d.h. die Aufteilung und Anordnung der einzelnen Artikel, abgeschlossen sein, bevor die Schülerzeitung in den Druck geht. Dies gilt nicht für eine online

---

[4] Vgl. Busse, S. (2002), S. 15

geführte Schülerzeitung. Hier arbeiten die Schüler[5] an ihren Artikeln, schicken sie dem Webadministrator, der für die Überwachung, Koordination und Strukturierung verantwortlich ist.[6] Dieser kann den Artikeln nach der Korrektur auf der Webseite hochladen und anordnen. Auf diese Weise kann der Artikel kurz nach seiner Fertigstellung veröffentlicht werden.[7]

Ein weiterer großer Vorteil der Online-Schülerzeitung liegt in der großen Kapazität für Artikel, Zeichnungen und Fotos. Während beim Printmedium eine bestimmte Seitenzahl die Vorgabe für Artikellänge und Anzahl der Bilder regelt und die Druckkosten im Blick gehalten werden müssen, kann in der Onlineversion die Seitenzahl beliebig variiert werden. Somit bietet es für die Zeitungsredaktion zusätzliche Möglichkeiten, die genutzt werden können, da diese Einschränkung entfällt.[8] Der Preisaspekt einer Online-Schülerzeitung ist noch weiter auszuführen. Hier ergibt sich die Diskrepanz, dass die Druckkosten durch Werbeeinnahmen gedeckt werden. Im Rahmen der Schülerzeitung bedeutet dies, dass Werbepartner gesucht werden, die ihre Werbung in der Zeitung drucken und dafür Geld an die Redaktion bezahlen. Jedoch nehmen sie den eigentlichen Artikelinhalten Platz weg und können unter Umständen den Leser verwirren, wenn das Thema eines Artikels auf einer Seite nicht mit dem Thema der Werbung in Verbindung steht. Die Werbeinhalte sind vom Werbepartner zu gestalten, d.h. die Zeitungsredaktion hat darauf keinen Einfluss. Eine Online-Schülerzeitung ist nicht zwingend auf einen Werbepartner angewiesen, da die Kosten so niedrig sind, dass sie ggf. von der Schule getragen werden können.

2.2.2   Nachteile der Online-Schülerzeitung

Trotz einiger Vorteile der Onlineversion gegenüber der Schülerzeitung im Printformat gibt es auch Nachteile, über die sich der anleitende Lehrer bewusst sein muss. Aus reformpädagogischer Sicht muss darauf hingewiesen werden, dass durch eine Online-Schülerzeitung die Nutzung des Internets im Schulrahmen idealisiert wird. Jedoch befinden sich die Schüler in einem Alter, in dem soziale Kontakte sehr wichtig sind, die

---

[5] Der Begriff Schüler wird hier übergeordnet für beide Geschlechter verwendet.
[6] Vgl. Spencer, H. / Johnson, R. P. (2003), S.76
[7] Vgl. Krohn, T. (2007), S. 86
[8] Vgl. Krohn, T. (2007), S. 86

nicht medial geführt werden.[9] Im Rahmen der Schülerzeitung kann hier jedoch argumentiert werden, dass zunächst die Redaktionstreffen der Online-Schülerzeitung im Rahmen einer Arbeitsgemeinschaft stattfinden, die sich regelmäßig zur Planung und gemeinsamen Absprache trifft. Aus der Perspektive des Lesers lässt sich feststellen, dass ein Schüler beim Lesen einer Zeitung sein Wissen erweitern kann, egal ob sie online geführt wird oder in Printversion erscheint. Das heißt, dass im Rahmen dieser Online-Schülerzeitung soziale Beziehungen nicht vollständig verschwinden wie Hartmut von Hentig, Begründer der Laborschule Bielefeld, anführt.

Trotzdem sollte hier eine Skepsis zugelassen werden, denn aus reformpädagogischer Sicht unterbinden neue Medien das ganzheitliche Lernen. Ganzheitliches Lernen bedeutet, dass die Schüler nicht nur intellektuell-kognitive Erfahrungen machen, sondern auch Erfahrungen mit Kopf, Herz und Hand. Die Fähigkeit Lernprozesse über alle Sinne zu machen, ist seit dem 20. Jahrhundert durch Neue Medien, die dem Wissenserwerb und der Unterhaltung dienen, stark gesunken. Das heißt, dass die Schüler zunächst ein Grundgerüst entwickeln müssen, das sie zum Zweifeln befähigt, zur eigenständigen Problemlösung anregt sowie die Kraft zum moralischen Handeln ausgeprägt. Dies sind Grundlagen, die Schüler lernen müssen, bevor sie in den Gebrauch und der Nutzung neuer Medien eingeführt werden.[10]

Ein weiterer Nachteil der Online-Schülerzeitung besteht in der Planung und Fertigung der Zeitung. Erhebt man den Anspruch an eine Schülerzeitung, dass die Schüler nicht nur das Schreiben eines Artikels lernen, sondern auch den Werdegang einer Zeitung von der Planung eines Artikels bis hin zum Druck und dem Erscheinen der Zeitung in Printformat, so wie es bei gewöhnlichen Tageszeitungen der Fall ist, dann fehlen den Schülern wichtige Elemente dieses Prozesses. Viele Bereiche fehlen gänzlich, wie z.B. das Suchen von Werbepartnern, die die Zeitung finanzieren, oder der Druckvorgang. Außerdem können die Schüler die Administrationsarbeit nicht übernehmen, d.h. der genaue Weg, wie ein Artikel online hochgeladen wird und dort auf der Internetseite angeordnet wird, kann von den Schülern nicht übernommen werden. Hierbei wäre ein Administrationspasswort erforderlich, das dem Lernenden ermöglicht, zu jeder Zeit die

---

[9] Vgl. Busse, S. (2002), S. 31
[10] Vgl. Busse, S. (2002), S. 32 f.

Webseite zu verändern. Das heißt, dass hier rechtliche Grenzen eingehalten werden müssen, die die Schüler und den Verantwortlichen der Webseite vor Missbrauch schützen.

Diese Nachteile der Online-Schülerzeitung werden im Konzept durch verschiedene Maßnahmen aufgefangen, wenngleich sie nicht völlig ausgeräumt werden können. Denn trotz der Nachteile gilt in den Lehrplänen in NRW, dass die Medienkompetenz der Schüler geschult werden soll, damit sie den Anforderungen des Alltags gerecht werden, in denen diese Kompetenz heutzutage eine immer wichtigere Rolle spielt, vor allem im Berufsleben.

2.3   Bezug zum Kernlehrplan für die Realschule in Nordrhein-Westfalen

Folgende Kompetenzen sind im Kernlehrplan für die Realschule im Fach Deutsch im Land NRW begründet und sollen innerhalb der Zeitungs-AG weiterentwickelt werden. Die Schüler vertiefen ihre Schreibkompetenz, indem sie Texte adressatengerecht für die Zielgruppe der Schülerzeitung verfassen. Hierbei haben sie jeweils einen bestimmten Zeitraum, in dem sie ihre Recherche und das Schreiben planen müssen, damit alle Texte einen aktuellen Bezug haben. Bei der Recherche lernen die Schüler, selbstständig Informationsquellen zu suchen. Darunter fällt in der journalistischen Arbeit nicht nur das Nachschlagen in Fachliteratur, sondern auch das Befragen von zum Beispiel fachkundigen Personen im Rahmen eines Interviews. Zudem müssen Informationen im Bezug zum Schreibanlass immer neu überprüft werden. Das heißt, dass neu gewonnene Informationen zunächst auf die Relevanz für das Thema kontrolliert werden müssen, bevor sie in die Schreibplanung mit eingehen können.[11]

Auch die sprachliche Gestaltung von Texten ist in der Arbeit der Arbeitsgemeinschaft Online-Schülerzeitung wichtig. Hier lernen die Schüler ihre Texte sprachlich auszuarbeiten, d.h. dass für den Leser ein strukturierter Text bereitgestellt werden soll, der verständlich ist und stilistisch stimmig. Weiterhin lernen die Schüler beim Verfassen von Zeitungsberichten die Darstellungsform des Berichtens kennen. Dies bedeutet, sie lernen zentrale Schreibformen kennen, die sie sachgerecht nutzen können. Die Schüler

---

[11] Vgl. Ministerium für Schule, Jugend und Kinder des Landes Nordrhein- Westfalen (2004), S. 15

nutzen neue Medien, indem sie Artikel am Computer verfassen und über die Registrierung als Autor auf der Homepage der Schülerzeitung befähigt werden, ihre Artikel online hochzuladen und sie dem Administrator auf diese Weise zuzuschicken.[12]

Zudem lernen die Schüler den Umgang mit Sachtexten in den Medien kennen, indem sie sich mit dem Unterschied zwischen Print- und Onlinezeitungen auseinandersetzen, wesentliche Darstellungsmittel und deren Wirkung kennenlernen, wie z.B. der Unterschied zwischen einer Reportage und einem Bericht. Weiterhin entscheiden die Schüler über die Gestaltung der Webseite und damit auch über die Präsentation ihrer Texte im Internet. Sie entscheiden über die ästhetische Darstellung der Schülerzeitung, die zum einen zielgruppengerecht und zum anderen seriös erscheinen soll.[13]

Das heißt, dass bei der sprachlichen, formellen und ästhetischen Produktion der Online-Schülerzeitung eine Wechselwirkung zwischen grundlegenden Gestaltungsformen und der Wirkung auf den Leser zentrale Aufgaben sind, die im Kernlehrplan ausdrücklich als Aufgabe des Deutschunterrichts gefordert werden. Die Schüler lernen kritisch mit Medien umzugehen und eine eigene Position zu bestimmen, auf deren Grundlage sie beispielsweise die Rubriken der Zeitung entwickeln. Gleichzeitig bereitet die Arbeitsgemeinschaft die Schüler auf das spätere Berufsleben vor, vor allem diejenigen Schüler, die einen beruflichen Werdegang bei einer Zeitung anstreben.

---

[12] Vgl. Ministerium für Schule, Jugend und Kinder des Landes Nordrhein- Westfalen (2004), S. 15 f.
[13] Vgl. Ministerium für Schule, Jugend und Kinder des Landes Nordrhein- Westfalen (2004), S. 17

2.4 Konsequenzen für die Schülerzeitung

Innerhalb des Konzeptes für die Gestaltung und Erstellung einer Online-Schülerzeitung werden die kritischen Stimmen der Medienpädagogik und Deutschdidaktik berücksichtigt, die die Nutzung neuer Medien hinterfragen. Dies bedeutet insbesondere, dass die Online-Schülerzeitung nicht konkurrierend mit Schülerzeitungen im Printmedium dargestellt werden soll, sondern den Schülern eine kritische Auseinandersetzung ermöglicht wird, bei der sie die Vor- und Nachteile beider Möglichkeiten kennenlernen. Damit wird der Bedarf gedeckt, dass Medien und Literatur in der heutigen Zeit nicht stetig voneinander losgelöst auftreten, sondern ein Verbund zwischen ihnen besteht, der nicht zu ignorieren ist.[14] Konkret bedeutet dies, dass die Schüler auf der einen Seite die Gestaltung und Erstellung der Webseite durchführen, sich jedoch dabei stark an Zeitungen in der Printversion orientieren, so dass für die Schüler ein Verständnis entsteht für die Verbundenheit der Medien. Die Online-Schülerzeitung darf nicht als bloße Webseite degeneriert werden, sondern muss in dem Begriff Zeitung fest verankert sein.

Weiterhin soll auf das Problem der Verminderung sozialer Kontakte reagiert werden. Die Schülerzeitung trifft sich in regelmäßigen Abständen, so dass hier eine Redaktion geformt wird, die unterschiedliche Funktionen innerhalb der Zeitungsarbeit einnimmt und untereinander Absprachen treffen muss. Auf diese Weise wird diesem Problem entgegengewirkt.

2.5 Ziele des Konzepts der Online-Schülerzeitung

Auf Grundlage des Kernlehrplans, der kritischen Perspektive der Medienpädagogen und Reformpädagogen sowie basierend auf dem Kennenlernen der journalistischen Arbeit sollen die Schüler verschiedene Module durchlaufen, in denen sie die Kompetenzen zu den unterschiedlichen Bereichen erlagen. Diese sollen sie letztendlich zur Gestaltung und Erstellung einer Online-Schülerzeitung befähigen und darüber hinaus eine kritische Haltung zum Medium Internet anleiten, rechtliche Grundlagen anbahnen, journalistische Arbeit sowie die Arbeit der Lokalzeitung kennenlernen.

---

[14] Vgl. Lecke, B. (2003), S. 34

Zunächst werden die Schüler in die Technik zur Erstellung einer Interseite eingeführt. Die anschließende Gestaltung, d.h. nicht nur das Layout der Seite, sondern auch die Entscheidung über die Rubriken, die in der Schülerzeitung bestückt werden sollen, fallen ebenfalls in diesen Bereich. Das heißt, hier geht es um die Technik im Web, um zu einer äußeren Gestalt der Online-Schülerzeitung zu gelangen.

Anschließend geht es um das Modul „Journalistischen Arbeit". Bei diesem Modul finden die Schüler einzelne Themen, die zu den festgelegten Rubriken gehören und die Zielgruppe ansprechen sollen. Weiterhin sollen die Schüler lernen, ihre Texte zu planen und Möglichkeiten zur Recherche kennenlernen. Dazu gehört natürlich auch die Wahl der Darstellungsform des Textes, z.B. Reportage oder Bericht.

Im Modul „Rechtliche Grundlagen" setzen sich die Schüler mit dem Urheberrecht, der Impressumspflicht, den Rechten und Pflichten eines Journalisten, der Meinungsfreiheit und Pressefreiheit auseinander. Hierbei geht es nicht nur darum, grundlegende Gesetze für die journalistische Arbeit kennenzulernen, sondern auch darum, eine kritische Haltung über die Wechselwirkung zwischen dem Geschriebenen und der Wirkung beim Leser zu beurteilen.

Im Modul „Wie wird eine Zeitung gemacht" lernen die Schüler die Arbeit der Lokalzeitung kennen. Hierbei geht es darum, die Abläufe bei einer richtigen Zeitung zu erfahren. Die Schüler lernen die Arbeit von der Themenfindung eines Artikels über die Planung einer Zeitungsseite bis hin zum Druck kennen. Dabei geht es um die Herstellung der Zeitung und die Zusammenarbeit der einzelnen Abteilungen, damit die Schüler einen Überblick über dieses Arbeitsfeld bekommen.

3   Organisation und Rahmenbedingungen

Die Online-Schülerzeitung AG findet alle zwei Wochen zweistündig im Nachmittagsbereich statt. Voraussetzung für die Mitarbeit an der Online-Schülerzeitung ist die Teilnahme am Projekt „Zeitungstreff", das im Fall der Ausbildungsschule von der ortsansässigen Zeitung angeboten wird und seit geraumer Zeit mit dem Jahrgang 8 durchgeführt wird. Das heißt, dass die Schüler hier erstmals mit der Zeitungsarbeit in Kontakt kommen und somit entscheiden können, ob ihnen diese Arbeit Spaß bereitet, so dass sie diese im Rahmen der Schülerzeitungsarbeit vertiefen wollen. Hier lernen sie im Deutschunterricht die ersten Grundlagen, z.B. Aufbau einer Zeitung, Planung des Artikels, Interviews führen oder Schreiben des Artikels. Die Schüler entscheiden sich jeweils für ein Schuljahr dafür, an der Schülerzeitung teilzunehmen. Im Verlauf der Zeit können sie somit alle Module durchlaufen und ihr Wissen über die Zeitungsarbeit vertiefen. Die Arbeit der AG findet größtenteils im Informatikraum der Schule statt. Auf diese Weise können die Schüler, nachdem sie die Module durchlaufen haben, ihre Artikel direkt an den Rechnern der Schule schreiben und diese auf einem USB-Stick speichern. In den regelmäßigen Redaktionstreffen können die Schüler sich über ihre Schreibanlässe beraten sowie sich bei der Schreibarbeit Hilfestellungen und Rat geben. Durch dieses Vorgehen ist die Schülerzeitung nicht bloß ein virtueller Umgang, bei dem die Mitglieder über E-Mail miteinander kommunizieren, sondern sie unterliegen festen Zeiten, in denen die Schülerzeitungsarbeit gemeinsam gestaltet wird. Weitergehend übernehmen die Schüler im Verlauf der Arbeit bestimmte Funktionen, wie zum Beispiel Redaktionsleiter/in oder die Verantwortung für eine ganze Rubrik, für die der Funktionsträger dann ein Halbjahr lang schreibt. Die Funktionen können individuell gestaltet werden.

4   Kooperation mit der Lokalzeitung

Bevor die Beschreibung der Module beginnt, muss vorerst der Kooperationspartner vorgestellt werden. Der Remscheider Generalanzeiger ist die ortsansässige Lokalzeitung für Remscheid. Er kooperiert mit der Ausbildungsschule seit einigen Jahren durch das Projekt „Zeitungstreff", bei dem verschiedene Schulen Zeitungsartikel für die Zeitung schreiben. Im Zuge des Projekts hat der Remscheider Generalanzeiger bereits eine Ansprechpartnerin, die auch in die Durchführung des hier beschriebenen Projekts eingebunden wird. Sie koordiniert die Arbeit mit den Schulen, steht während der Projektzeit in Kontakt mit den Lehrern und entscheidet über diejenigen Artikel, die letztendlich im Internet oder in der Lokalzeitung veröffentlicht werden. Weiterhin besitzt die Onlinezeitung des Remscheider Generalanzeigers den Bereich X-Ray speziell für junge Leser. Die Online-Schülerzeitung der Ausbildungsschule hat sich das Ziel gesetzt, dass die Autoren nicht nur für die eigene Online-Schülerzeitung schreiben, sondern die Beiträge auch im Bereich X-Ray des rga.online veröffentlicht werden. Dieses definierte Ziel gründet auch im Bedarf des rga.online, die auf der Suche nach jungen Autoren und spannenden Themen für den Bereich X-Ray sind. Insgesamt bietet sich diese Lokalzeitung als Kooperationspartner für Schulen sehr an, da bereits eine Kooperation durch das Projekt „Zeitungstreff" besteht und sie damit einen hohen Grad an Erfahrung haben. Weiterhin ist der Bereich der Jugendarbeit durch den Bereich X-Ray im rga.online sehr gut ausgestaltet und kann damit in die Gestaltung des Konzepts einfließen. Zudem bietet der Generalanzeiger Materialien an, die auf das Schreiben von Zeitungartikeln vorbereiten. In welcher Form die Kooperation verläuft, wird in den Modulen näher erläutert.

5   Modul „Technik im Web"

Zuerst muss die technische Grundlage im Internet gebildet werden, damit die Arbeit der Schülerzeitung starten kann. Dazu braucht man zunächst einen Internetdienstanbieter, der dem Kunden Webspace oder anders bezeichnet freien Speicherplatz zur Verfügung stellt, auf dem die Online-Schülerzeitung seine Daten speichern kann. Auf diesem freien Speicherplatz entsteht letztendlich die Online-Schülerzeitung, die im World Wide Web abrufbar ist. Hierbei gibt es unterschiedliche Dienstleistungsanbieter mit verschiedenen Angeboten, die zunächst überprüft und verglichen werden müssen. Bei der Online-Schülerzeitung der Ausbildungsschule wurde der Anbieter „Alphahosting.de" gewählt. Außerdem wird dem Kunden bei vielen Anbietern die Möglichkeit gegeben, eine persönliche Internetadresse zu verfassen, unter der die Seite aufgerufen werden kann. Das heißt, dass der Name der Schülerzeitung gewählt werden muss, damit er in die Internetadresse eingearbeitet werden kann. Weiterhin muss ein FTP-Server installiert werden, den man kostenlos im Internet herunterladen kann, bspw. unter der Internetadresse http://filezilla-project.org/. Ein FTP-Server bildet die Up- und Download-Grundlage für die Internetseite der Schülerzeitung. Möchte man zum Beispiel eine Umfrage auf der Seite installieren, so muss das passende Programm auf den FTP-Server geladen werden, der mit der Internetseite verbunden ist. Nur so können Programme auf die Internetseite gelangen und können auch nur über diesen Server wieder gelöscht werden. Der FTP-Server regelt die Übertragung von Programmen auf die Internetseite.

Da nicht jede Online-Schülerzeitung einen Informatiker vorweisen kann, sollte man beim Anbieter des Webspaces darauf achten, dass das Angebot ein Gestaltungsprogramm für die Homepage enthält. Im Fall der Schülerzeitung der Ausbildungsschule ist in dem Angebot das Erstellungsprogramm für Homepages „Joomla" enthalten. Dieses Programm ermöglicht nicht nur Profis die Erstellung einer Webseite, sondern auch Laien können nach einiger Auseinandersetzung mit dem Programm eigene Seiten gestalten. Ein weiterer Vorteil dieses Erstellungsprogramms ist, dass mehrere Personen die Seite editieren können und nicht nur der Administrator. Der Administrator ist der Verwalter einer Seite, der als Benutzer erweiterte Rechte hat. Mit dem Programm „Joomla" kann der Administrator andere Administratoren bestimmen, die mit ihm zusammen diese erweiterten Rechte haben. Für die Schülerzeitung heißt dies, dass nicht nur ein leitender Lehrer die Seite administriert, sondern mehrere Lehrer hierfür die

Verantwortung übernehmen können. Die Schüler können sich auf der Seite als Autoren registrieren, d.h. sie können auf der Homepage ihre Artikel hochladen, die jedoch vom Administrator auf der Seite freigeschaltet werden müssen. Für Autoren gelten im administrativen Bereich verminderte Rechte. Sie können zum Beispiel keine Texte o.ä. auf der Webseite veröffentlichen, ohne die Zustimmung des Administrators einzuholen. Außerdem muss sich jeder Autor mit Namen und eMail-Adresse anmelden und vom Administrator freigeschaltet werden. Diese Barrieren verhindern den Missbrauch der Homepage. Nur ein bekannter Autor wird freigeschaltet und nimmt regelmäßig an den Treffen der Online-Schülerzeitung teil. Schüler, die nicht die grundlegenden Module durchlaufen haben, werden nicht als Autoren freigeschaltet. Eine weitere Möglichkeit wäre eine Registrierung auf der Startseite, ohne die man keine weiteren Inhalte der Seite lesen kann. Es wäre nicht möglich ohne Befugnis auf der Seite Beiträge zu lesen. Jedoch sollte man sich bewusst sein, dass diese Option Barrieren einfügt, die die Schüler, Eltern oder Lehrer vom Lesen abhalten können. Der Zugriff auf die Seite soll möglichst einfach gestaltet sein, wenngleich diese Möglichkeit aufgezeigt werden sollte.

Durchführung des Moduls „Technik im Web"

Damit die Schüler Schritt für Schritt die Entstehung der Online-Schülerzeitung verstehen, werden sie in möglichst viele Schritte integriert. Somit bekommen die Schüler die Aufgabe, zunächst eine Definition für den Begriff „Webspace" zu suchen. Diese Vorgehensweise wird im Verlauf der Arbeit immer wieder auftreten, damit die Schüler sich langsam an die Programmiersprache gewöhnen. Die Schüler dürfen nach dieser Definition im Internet suchen. Anschließend ergibt sich der nächste Schritt. Die Schüler suchen nach Anbietern von Webspace und vergleichen Leistung sowie Preise miteinander. Dabei achten sie vor allem darauf, dass beim Angebot das Gestaltungsprogramm „Joomla" enthalten ist, damit auch die Seitengestaltung sowie die Administration benutzerfreundlich sind und bspw. ein neuer anleitender Lehrer der Schülerzeitung sich schnell in das Programm einarbeiten kann. Das Ziel dieses Vergleichs ist zunächst, dass die Schüler verstehen, wie die Schülerzeitung entsteht, genauer gesagt, welche ersten Schritte sie gehen müssen, um das Endprodukt zu erhalten, nämlich die Schülerzeitung. Sind die Schüler sofort in alle Schritte integriert, so soll dies die Identifizierung mit der Schülerzeitung fördern und die Schüler zur Mitarbeit motivieren.

Nachdem nun der Anbieter des Webspaces gewählt wurde, muss die Adresse im Internet angegeben werden, unter der die Seite aufrufbar ist. Die Teilnehmer der Schülerzeitung diskutieren in der Redaktionssitzung über einen möglichen Namen der Schülerzeitung. Dabei werden die Schüler angeleitet, zunächst die Zielgruppe ausfindig zu machen, denn eine alte Dame fühlt sich durch andere Namen angesprochen als eine junge Schülerschaft. Die Ideen werden in Form eines Clusters an der Tafel festgehalten, so dass die Vor- und Nachteile eines Vorschlags diskutiert werden können. Die Schülerzeitung der Ausbildungsschule hat sich auf den Namen „Spicker" geeinigt. Gleichsam wurde eine treffende die Internetadresse festgelegt. Der Begriff „spicker" wurde von den Schülern so definiert, dass alle wichtigen Nachrichten, die die Schüler betreffen, auf dieser Homepage stehen. Möchte jemand etwas über das Schulleben erfahren oder über Aktivitäten der Schüler, dann kann man sich auf der Homepage der Schülerzeitung Informationen einholen. Das Ziel dieser Phase ist die Sensibilisierung für die Zielgruppe und eine motivierende Integration der Schüler in möglichst viele Prozesse. Wenn der Webspace und die Internetadresse gewählt wurden, kann die Bestellung abgeschlossen werden und ist nun beim Dienstanbieter bindend. Die Internetadresse, auch Domain genannt, kann nun nicht mehr verändert werden. Allein aus diesem Grund sollte über den Namen der Schülerzeitung gut beraten werden.

Die nächste Aufgabe ist es nun, das Template für die Homepage auszusuchen. Der Begriff „Template" bedeutet übersetzt Vorlage. Das heißt, dass eine Vorlage aus dem Internet herunter geladen wird, die das Aussehen der Seite gestaltet bzw. eine Formatierung vorgibt. Die Farbe des Hintergrundes sowie die Aufteilung der Seite unterliegen dieser Vorlage. Bei der Verwendung von vorgegebenen Templates ergibt sich ein großer Vorteil. Der Administrator der Seite kann auch mit begrenzten Programmierfähigkeiten eine Homepage gestalten, indem er die Aufteilung und das Aussehen der Seite übernimmt und nach einiger Zeit beginnt, die Seite für die eigenen Interessen zu personalisieren. Auf der anderen Seite kann die Verwendung auch nachteilig sein, wenn ein fachkundiger Programmierer die Gestaltung der Seite personalisieren will, allerdings auf die Gestaltung festgelegt ist und damit in seinen Möglichkeiten eingegrenzt wird.

Auch für die Schüler ergibt sich beim Suchen des Templates ein großer Vorteil. Anleitende Lehrer und Schüler müssen nicht das Programmieren erlernen, bevor sie bei der

Schülerzeitung mitarbeiten können. Die verschiedenen Vorlagen können auf Internetseiten zu einem großen Teil kostenlos herunter geladen[15] werden und müssen anschließend auf die Homepage übertragen werden. Im Fall der Online-Schülerzeitung der Ausbildungsschule mussten mehrere Bedingungen bei der Wahl des Templates erfüllt werden. Zunächst musste die Vorlage mit dem Gestaltungsprogramm „Joomla" kompatibel sein, so dass wir weiterhin über dieses vereinfachende Programm die Gestaltung der Seite vornehmen konnten. Weiterhin müssen die Schüler bei der großen Auswahl bedenken, dass die Zielgruppe durch die Gestaltung der Seite angesprochen werden muss. Somit ergab sich in der Redaktionssitzung der Anspruch, dass die Seite bunt sein soll, Jungen wie Mädchen mit der Gestaltung angesprochen werden sollen und die Seite trotz der jungen Zielgruppe seriös erscheinen soll.

In dieser Arbeitsphase schauen sich die Schüler unterschiedliche Templates an wie bei einem Fotoalbum. Sie machen sich Notizen, damit sie die gefundenen Vorlagen wiederfinden. Zuletzt entscheidet sich jeder Mitarbeiter für ein Templates, so dass die verschiedenen Vor- und Nachteile der Vorlage für die Schülerzeitung im Plenum diskutiert werden können. Für das folgende Template hat sich die Arbeitsgemeinschaft abschließend entschieden:

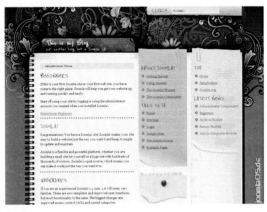

Quelle:
http://www.joomlaos.de/index.php?set_albumName=album12&id=jnotepad_chaos16&option=com_gallery&Itemid=37&include=view_photo.php

---

[15] Vgl. http://www.joomlaos.de/

5.1 Aufbau der Online-Schülerzeitung

In dem Modul „Technik im Web" folgt nun der letzte Schritt für die Grundlagen der Homepage. Auf dem Bild des Templates ist zu erkennen, dass es sich hierbei um Rohmaterial handelt und die Seite noch nicht für die Schülerzeitung personalisiert wurde. Hier müssen die Schüler zunächst entscheiden, welche Rubriken sie im Laufe der Zeit füllen wollen. Den Schülern kann dies näher gebracht werden, indem sie eine Tagezeitung durchblättern und die einzelnen Rubriken ausfindig machen, wie z.b. Aus aller Welt oder Lokalnachrichten. Der Aufbau einer Zeitung muss mit den Schülern erarbeitet werden, damit sie diesen auf die Schülerzeitung übertragen können. Das heißt, dass die Schüler in der Lage sind, selbstständig herauszufinden, welche Themen die Titelseite gestalten, welche Rubriken dem Leser geboten werden und welche Artikel dem Leser dort dargebracht werden. Dieses Verständnis muss mit einer Online-Schülerzeitung verbunden werden, damit kein Jugendmagazin entsteht, sondern der informierende Charakter einer Zeitung erhalten bleibt.

Durchführung „Aufbau der Schülerzeitung-Online"

Die Durchführung kann folgendermaßen geschehen, indem eine Tageszeitung zerschnitten wird und die einzelnen Rubriken an den Wänden in der Klasse aufgehängt werden. Durch einen Museumsgang und einem Arbeitsblatt mit Fragen sowie Raum für Notizen erarbeiten die Schüler selbstständig, welche Themen in welcher Rubrik veröffentlicht werden. In der anschließenden Reflexionsphase wird das Ergebnis besprochen und eine Entscheidung über die Rubriken der Online-Schülerzeitung getroffen. Das Ziel dieser Arbeitsphase ist zum einen das Kennenlernen des Aufbaus einer Zeitung, zum anderen sollen die Schüler dieses Wissen auf ihre eigene Schülerzeitung übertragen. Sie entscheiden sich für Rubriken, die für die Zielgruppe besonders interessant sind und zudem die informierende Aufgabe einer Zeitung einhalten. Die Rubriken werden in das Template eingesetzt und können von nun an bearbeitet werden.[16]

Ist das Modul „Technik im Web" abgeschlossen, dann hat die Redaktion in diesem Moment die Grundlage für eine online geführte Schülerzeitung gebildet. Das heißt, dass die Seite im Internet besteht, die Gestaltung zunächst abgeschlossen ist, über die Rubri-

---

[16] Vgl. Arbeitsblatt „Aufbau einer Zeitung" (siehe Anhang)

ken entschieden wurde und die Schüler als nächstes lernen, wie man einen Artikel schreibt. Trotzdem muss beachtet werden, dass die Seite ständig gepflegt werden muss und neue Zeitungsartikel in die Seite eingefügt werden müssen. Diese Aufgabe muss vom Administrator übernommen werden, da ein Missbrauch rechtliche Konsequenzen zur Folge haben könnte. Abschließend für dieses Modul kann festgehalten werden, dass die Redaktion zwar eine webbasierte Grundlage für die Schülerzeitung geschaffen hat, jedoch muss die Seite stetig bearbeitet und aktualisiert werden.

6 Modul „Journalistische Arbeit"

In diesem Modul geht es vor allem darum, dass die Autoren der Schülerzeitung lernen, wie man recherchiert, einen Artikel plant und schreibt. Diese Schwerpunkte bereiten die Schüler auf die journalistische Praxis vor. Gleichzeitig erhalten die Schüler durch das Material wichtiges Handwerkszeug für die Arbeit. Der Vorteil dieses Moduls liegt besonders darin, dass die Schüler in alle Prozesse vollständig mit eingebunden werden können, während dies im Modul „Technik im Web" aufgrund der Rechtslage nicht durchgehend der Fall war.

6.1 Recherche

Das Ziel dieses Schwerpunktes besteht darin, dass die Schüler die Grundsätze der Recherche kennenlernen. Dies ist für einen Journalisten unabdingbar, da eine genaue Recherche die Grundlage für einen informierenden Artikel liefert. Hierbei üben die Schüler, Informationen zu finden, diese zu strukturieren, die Informationen zu überprüfen und schließlich verschiedene Stellungnahmen einzuholen. Wichtig dabei ist, dass die Schüler die Quellen auf Aussagekraft überprüfen, besonders bei Internetquellen, die ohne Verfasser im Netz erscheinen.[17]

Durchführung „Recherche"

Die Schüler erhalten einen Rechercheplan[18], der acht Schritte für eine gute Recherche vorgibt. Das Arbeitsblatt ist so aufgebaut, dass die Schüler Schritt für Schritt folgen können und bei gewissenhafter Durchführung letztendlich eine gute Grundausstattung von Informationen erlangen. Zusätzlich wird den Schülern zu jedem Rechercheschritt ein Angebot gemacht, wo sie entsprechende Informationen finden können. Als erstes überprüfen die Schüler, ob das Thema wichtig ist, d.h. gibt es einen besonderen Anlass darüber zu schreiben oder eine bereits vorhandene Diskussion über das Thema. Danach schreiben sie auf, welche Aspekte zum Thema aufgegriffen werden können und aus welchen Perspektiven das Thema beleuchtet werden kann. Die Informationen werden gesammelt und fungieren als erste Vorinformationen, die vor allem bei der Vorberei-

---

[17] Vgl. Rager, G. / Pidun, A. / Kuczera, S. (2009), E-Reader „Recherche"
[18] Arbeitsblatt „Rechercheplan" (siehe Anhang)

tung von Interviews eine Rolle spielen können. Dann werden die Informationen überprüft im Hinblick auf Glaubhaftigkeit der Quelle, Vollständigkeit und welche Fragen zur Thematik noch offen bleiben und somit noch erklärt werden müssen. Ist dies geschehen, sucht der Reporter sich laut des Rechercheplans Fachleute, Betroffene oder Verantwortliche, um mit ihnen Interviews zu führen und verschiedene Standpunkte zu einem Sachverhalt einzuholen. Wurde ein Termin mit dem Interviewpartner vereinbart, steht den Schülern die Aufgabe bevor, das Interview vorzubereiten. Auch hier hilft der Rechercheplan den Schülern weiter, indem er konkrete Anweisungen gibt. Die Fragen sollen aufgeschrieben werden, damit sie im Interview nicht vergessen werden. Die Schüler planen genau, welche Fragen sie stellen, damit der Leser genügend Fakten erhält, um den Zeitungsartikel nachvollziehen zu können. Der Rechercheplan verweist auf ein weiteres Arbeitsblatt, bei dem es um offene und geschlossene Fragetechniken geht, die beim Interview weiterhelfen können.[19] Nach der Planung können die Schüler die Interviews durchführen. Die Antworten sollen dabei mitgeschrieben oder auf einem Tonband festgehalten werden. Schließlich werden alle Informationen zusammengeführt unter der Fragestellung, ob alle wichtigen Fragen beantwortet sind und Sachverhalt, Ursachen und Folgen klar sind. Wenn die Durchführung der Recherche abgeschlossen ist, kann mit dem Teilbereich „Artikel schreiben" fortgesetzt werden.

6.2   Artikel schreiben

Das Ziel des Teilbereichs liegt darin, dass die Schüler lernen, journalistisch zu schreiben, und zwar unabhängig von der Stilform des Artikels. Es geht im besonderen Maße um den Satzbau, die Wortwahl, die Gliederung eines Artikels und die Auswahl der Informationen. Die Schüler müssen in diesem Modul begreifen, dass die Funktion eines Zeitungsartikels darin besteht, den Leser zu informieren.

Ein Autor muss zunächst ein Thema finden, das den Leser interessiert und zum Beispiel mit seiner Lebenssituation zusammenhängt. Hat er während der Recherche alle Informationen gesammelt, so muss er entscheiden, welche Informationen für den Leser wichtig sind. Das heißt, dass ein Artikel mehrere Perspektiven innehaben sollte. Bei einem Zeitungsartikel über einen Schulausflug interessiert sich die Oma eines Schülers

---

[19] Vgl. Arbeitsblatt „Fragetechniken" (siehe Anhang)

eventuell mehr für die besonderen Reiseziele und was vor Ort besichtigt wurde, während ein Mitschüler sich eher für die Gestaltung des gemeinsamen Abendprogrammes interessiert. In einem guten Artikel werden dem Leser also verschiedene Blickwinkel geboten, um möglichst viele Adressaten zu erreichen. Letztendlich muss der Autor entscheiden, welche Informationen wichtig sind, welche er weglassen kann und welche Informationen unerlässlich sind, damit der Leser den Inhalt verstehen kann. Dabei muss er auf die Wortwahl achten, denn Jugendsprache wird meist nur von Jugendlichen gesprochen und könnte bei Erwachsenen für Verwirrung sorgen.[20]

Durchführung „Artikel schreiben"

Die Autoren der Schülerzeitung bekommen die Aufgabe über einen Klassenausflug in Düsseldorf zu erzählen. Jedoch soll dies auf unterschiedliche Weise passieren, denn in der ersten Runde erzählen sie ihrer Oma von dem Tag, während sie in der zweiten Runde ihrem besten Freund davon erzählen. Dazu werden die Schüler in Zweiergruppen eingeteilt, damit sie anschließend ein Rollenspiel durchführen können. Als erstes werden die Lernenden in die Situation eingeführt, indem sie eine Geschichte über diesen Klassenausflug hören. In dieser Geschichte sind viele Informationen enthalten, die für beide Adressaten wichtig oder unwichtig sein können. Gleichzeitig dient sie als Informationsgrundlage, da der Klassenausflug fiktiv ist. Die Schüler berichten sich nun gegenseitig vom Ausflug, während sie im Wechsel die Rolle des berichtenden Schülers oder der Oma/Freund einnehmen. Das Ziel dieser Übung liegt in der Differenzierung der Informationen und dem Verständnis, dass unterschiedliche Adressaten auch andere Interessen an einem Sachverhalt haben können. Je nachdem wem sie berichten, ändert sich auch die Informationsauswahl und die Wortwahl. In der Reflexion sollte dies besonders hervorgehoben werden.[21]

Eine weitere vertiefende Übung besteht darin, dass die Schüler einen fehlerhaften Artikel bekommen. Anhand dieses Artikels entscheiden die Schüler, welche Informationen fehlen und welche mehr ausgestaltet werden müssen, damit der Leser sie besser

---

[20] Vgl. Rager, G. / Pidun, A. / Kuczera, S. (2009), E-Reader „Artikel schreiben"
[21] Vgl. Arbeitsblatt „Über einen Ausflug nach Düsseldorf erzählen" (siehe Anhang)

versteht oder welche Informationen verwirren, weil sie nicht zum Textfluss passen. Anschließend werden ihre Antworten mit dem Lösungsblatt verglichen.[22]

Sprache

Auch im Bereich der Sprache werden in diesem Modul Übungen angeboten, die den Schülern beim Artikel schreiben helfen sollen. An dieser Stelle geht es vor allem um eine klare deutliche Sprache, die den Leser nicht dazu veranlasst Sätze zweimal lesen zu müssen, um sie zu verstehen. Das Lesen würde mühselig werden und führt in vielen Fällen zum Abbruch des Artikels. Dies gilt es zu verhindern mit einigen Tipps, die schnell umzusetzen sind. Folgende Tipps sind für die Schüler grundlegend:

- Substantive

Verwende geläufige Wörter, denn Fremdwörter muss man erklären. Beispiel: Anstatt des Wortes „*euphemistisch*" benutzt man besser das Wort „*beschönigend*".

Verwende konkrete Wörter und vermeide abstrakte Substantive. Beispiel: Anstatt des Wortes „*Steinversetzungstechniker*" benutzt man besser das Wort „*Maurer*".

- Adjektive

Vorsicht bei der Verwendung von Adjektiven, denn sie helfen dem Leser selten weiter, einen Text besser zu verstehen. Beispiel: *Gestern kam es an diesem sonnigen Mittwochabend auf der gut befahrbaren B54 zu einem grausigen Unfall, der glücklicherweise ohne Personenschaden ausging.* Die Adjektive verwirren den Leser und helfen dem Leser nicht, den Vorfall zu verstehen. Besser: *Gestern kam es auf der B54 zu einem Unfall ohne Personenschaden.*

- Verben

Handlungen werden am besten durch Verben ausgedrückt. Beispiel: *Durch die Veröffentlichung der geheimen Dokumente über den Ausbruch der Schwerverbrecher aus der JVA Iserlohn haben nun viele Menschen Angst, dass noch mehr Verbrechern aus dem Gefängnis die Flucht gelingt.* Die Nominalsierungen machen den Text langweilig und trocken. Verben hingegen machen einen Text lebendig. Beispiel: *Nachdem vor einiger Zeit die Schwerverbrecher der JVA Iserlohn ausgebrochen sind, wurden jetzt die ge-*

---

[22] Arbeitsblatt „Wichtige und unwichtige Informationen bewerten" (siehe Anhang)

heimen Dokumente über die Flucht veröffentlicht. Viele Menschen haben nun Angst, dass weitere Verbrecher aus dem Gefängnis flüchten können.

- Kürze

Die Kürze eines Textes macht einen Text verständlicher. Das heißt trotzdem, dass alle wichtigen Informationen in den Text hinein geschrieben werden müssen. Die Regel lautet also: Der Sachverhalt muss so erklärt sein, dass der Leser alles verstehen kann und die Kürze nicht auf Kosten der Verständlichkeit geht. Sätze dürfen nicht verschachtelt werden und unwichtige Informationen stören nicht nur im Text, sondern verwirren auch den Leser. Beispiel einer Aufbauanleitung für ein Regal: *Nehmen sie eine der sechs Schrauben aus der Tüte, die sie vorsichtig öffnen und nehmen sie dann den Schraubenschlüssel, der ebenfalls mitgeliefert wurde, um nun das kurze braune Brett mit dem langen braunen Brett miteinander zu verschrauben.* Kurze Sätze vereinfachen das Lesen und Verstehen. Besser: *Nehmen sie eine der sechs Schrauben aus der Tüte. Danach nehmen sie den mitgelieferten Schraubenschlüssel, um das kurze und das lange Brett miteinander zu verschrauben.*

- Satzbau

Auch hier gelten die stilistischen Regeln, die das Lesen und Verstehen vereinfachen. Lange verschachtelte Sätze wirken irreführend. Beispiel: *Gestern wurde ein Schüler der Ludgerus-Schule mit gezielten Schlägen in das Gesicht seines Gegners und nach einem langen, blutigen Kampf endlich zum Boxmeister des örtlichen Boxvereins gekürt.* Der Leser erwartet nach dem ersten Teil des Satzes, dass der Schüler der Täter einer Straftat ist. Erst am Ende wird der Leser nach diesem langen Satz aufgeklärt, dass es sich um einen Wettkampf handelte. Besser: *Gestern wurde ein Schüler der Ludgerus-Schule zum Boxmeister des Boxvereins gekürt. Er schlug seinen Gegner nach langer Kampfzeit durch gezielte Schläge in das Gesicht k.o.* Weiterhin sind auch im Satzbau Nominalisierungsketten nicht erwünscht, weil der Text dadurch bürokratisch wirkt und den Leser nicht zum Weiterlesen anregt. Beispiel: *Er beherrscht das Schreiben der Zeitungsartikel durch seine Genauigkeit in der Recherche und die Auswahl seiner Informationen.* Besser: *Er schreibt sehr genaue und informative Zeitungsartikel.*[23]

---

[23] Vgl. Rager, G. / Pidun, A. / Kuczera, S. (2009), E-Reader „Artikel schreiben"

Durchführung des Teilbereichs „Sprache"

Die aufgeführten Punkte Substantive, Adjektive, Verben, Kürze und Satzbau lassen sich durch arbeitsteilige Gruppenarbeit erarbeiten. Dazu bekommt jede Gruppe verschiedene Sätze, die sich auf einen Teilbereich beziehen. Die Sätze sind umgangssprachlich „verletzt", d.h. sie verletzen jegliche Regeln, die das stilistische Deutsch betreffen. Jede Gruppe muss nun an dem Satz eine Art Operation durchführen, damit der Satz wieder gesund wird, d.h. damit er wieder verständlich wird und die Regeln beachtet wurden. Am Ende verfasst jede Gruppe zu ihrem Schwerpunkt eine Regel, die am Ende präsentiert wird und für alle Schüler noch einmal an der Tafel visualisiert wird. Besonders bei arbeitsteiliger Gruppenarbeit kann hier die Altersspanne der Schüler berücksichtigt werden, denn die Arbeitsgemeinschaft besteht aus Schülern der achten bis zehnten Klasse. Die Arbeitsblätter sind so gestaltet, dass jüngere Schüler einen tendenziell leichteren Schwerpunkt ausarbeiten mit gleichsam leichteren Beispielsätzen. Auf diese Weise werden alle Schüler zur Mitarbeit motiviert, auch wenn altersbedingt ein Leistungsgefälle herrscht.[24]

Gliederung

Sind die Recherche und die sprachlichen Aspekte erarbeitet, fehlt nun noch ein letzter Schritt, um einen Artikel zu verfassen. Hierbei geht es um die Gliederung eines Artikels. Der Autor muss entscheiden, wie er die Informationen sortiert, die er gesammelt hat und welche für den Leser nicht interessant sind, um den Sachverhalt zu verstehen. Anschließend müssen die Informationen in eine sinnvolle Reihenfolge gebracht werden, so dass der Leser folgen kann. Die sieben W-Fragen sind besonders hilfreich, um festzustellen, ob alle Informationen im Text enthalten sind. Sie lauten: Wer?, Was?, Wann?, Wo?, Wie?, Warum? und Welche Quelle?. Nicht immer können alle W-Fragen beantwortet werden, genauso sind auch nicht alle Fragen wichtig. Die Autoren müssen sortieren, welche W-Fragen in welcher Reihenfolge beantwortet werden sollen.[25]

---

[24] Arbeitsblatt zum Thema „Verletzte Sätze" (siehe Anhang)
[25] Vgl. Rager, G. / Pidun, A. / Kuczera, S. (2009), E-Reader „Artikel schreiben"

Durchführung des Teilbereichs „Gliederung"

Um den Schülern die Gliederung eines Textes zu verdeutlichen, übernehmen sie die Funktion von Informationsdetektiven. Das heißt, sie bekommen Zeitungsartikel und untersuchen, welche W-Fragen in dem Text beantwortet werden. So können die Schüler feststellen, dass nicht alle W-Fragen zwangsläufig beantwortet werden, jedoch einige unabdingbar sind, um einen Sachverhalt zu verstehen. Zu diesen unabdingbaren W-Fragen gehört bspw. die Frage *„Was ist passiert?"*, denn hierbei wird der Schreibanlass genannt, der den Leser aufklärt, warum ein Ereignis in der Zeitung erscheint. Haben die Lernenden die Informationen zu den W-Fragen zugeordnet, haben sie gleichzeitig ein Beispiel für die Reihenfolge, in der die Fragen angeordnet sind. In der Phase der Sicherung muss es darum gehen, dass die W-Fragen eine bestimmte Anordnung haben müssen, damit der Leser beim Einstieg weiß, um wen es geht und was passiert ist. Würde er diese Informationen erst am Ende erfahren, würde ihm u.U. der Sinn des Zeitungsartikels nicht richtig klar werden und er bricht das Lesen ab. Die Gliederung ist dabei nicht genau festgelegt, sondern die Informationen müssen sinnhaft vom Autor angeordnet werden, um das Interesse des Lesers zu wecken.[26]

6.3   Modul „Gesetzliche Grundlagen"

Damit die Schüler verantwortlich Zeitungsartikel schreiben können, ist es wichtig, dass sie die gesetzlichen Grundlagen kennen. Eine Online-Schülerzeitung unterliegt den gleichen Rechten und Pflichten wie eine normale Schülerzeitung oder Tageszeitung. Das heißt, die Schüler der Schülerzeitung unterliegen der Meinungsfreiheit, Pressefreiheit sowie den Grundrechten. Trotzdem muss den Schülern verdeutlicht werden, dass die oben genannten Rechte eines Autors auch Grenzen haben, nämlich wenn das Persönlichkeitsrecht einer Person verletzt wird.[27] Dies wäre der Fall, wenn einer Person ein Zitat zugeschrieben wird, das sie nicht von sich gegeben hat, sondern eine andere Person. Ebenfalls gibt es die einzuhaltende Grenze des Urheberrechts, d.h. dass keine Bilder, Logos, Filme usw. aus dem Internet kopiert werden dürfen, ohne die Zustimmung des Autors. Dieses Vorgehen würde als Diebstahl bewertet werden. Weiterhin

---

[26] Arbeitsblatt „Welche W-Fragen wurden beantwortet?" (siehe Anhang)

[27] Diese Rechte und Grenzen im Medienrecht werden im Artikel 5 des Grundgesetzes festgehalten. Hierzu vgl. Tonnemacher, J. (2003), S. 58

unterliegen die Autoren der Sorgfaltspflicht. Sie müssen sich für eine wahrheitsgemäße Wiedergabe der Informationen verpflichten, da sie im Dienste der Öffentlichkeit stehen und auf die Meinungsbildung der Menschen großen Einfluss haben. Für die Schüler bedeutet dies, dass alle Informationen auf Aussage, Quelle und Wahrheit zu überprüfen sind.[28]

Für eine Online-Schülerzeitung muss auch die Impressumspflicht erläutert werden. Die Impressumspflicht gilt bei Printmedien und gewerblich genutzten Internetseiten. Im Impressum werden verschiedene Informationen veröffentlicht wie der Name des Verlegers oder Autors. Auf diese Weise wird der Anonymität eines Autors entgegen- gewirkt, damit er rechtlich belangt werden kann im Falle eines Verstoßes gegen das Gesetz.[29]

Durchführung „Gesetzliche Grundlagen"

Für die Durchführung dieses Moduls ist es besonders wichtig, die Schüler nicht mit u.U. schwierigen Gesetzestexten zu überfordern. Besser ist es, den Schülern eine elementarisierte Ausgabe der Gesetze zu geben. Damit alle Schüler sich gleichermaßen mit den gesetzlichen Grundlagen auskennen, kann hier eine arbeitsgleiche Gruppenarbeit eine Möglichkeit sein. Hierbei bekommen die Schüler ein Arbeitsblatt, auf dem die elementarisierten Gesetzestexte stehen und verschiedene kurze Fallbeispiele. Bei diesen Beispielen muss nun entschieden werden, ob ein rechtlicher Verstoß vorliegt und gegen welches Gesetz verstoßen werden würde, wenn man den gegebenen Sachverhalt des Fallballspiels veröffentlichte. Die Schüler wenden die vorgegebenen Gesetze selbstständig an. In der Sicherungsphase werden die Ergebnisse miteinander verglichen und diskutiert.[30]

---

[28] Vgl. Fischer, J.K. (2008), S. 24 f.
[29] Vgl. Zappe, C. (2011), S. 86 f.
[30] Arbeitsblatt zum Thema „Fallbeispiele für gesetzliche Grundlagen" (siehe Anhang)

7 Modul „So wird eine Zeitung gemacht"

Zu Beginn der Arbeit wurde bereits erwähnt, dass nicht nur die Beschäftigung mit dem Onlineauftritt einer Zeitung wichtig ist, sondern auch ein Vergleich zwischen dem Printmedium und der Onlineversion stattfinden soll. Die Schüler erlangen einen umfassenden Einblick in die Arbeit der Lokalzeitung. Dazu zählt zum einen die journalistische Arbeit und zum anderen auch die Erstellung der Zeitung im Druckhaus. Das Ziel dieses Moduls liegt darin, keinen einseitigen Blick der journalistischen Arbeit der Online-Schülerzeitung zu erlangen, sondern auch die Arbeit in der gegenwärtigen Lokalzeitung kennenzulernen. Dies ergibt sich aus dem Defizit der Online-Schülerzeitung, dass viele Schritte, wie zum Beispiel die Kosten des Drucks und die Suche nach Werbepartnern, in der Onlineausgabe nicht notwendig sind, jedoch im Printmedium eine wichtige Rolle spielen.

Durchführung des Moduls „So wird eine Zeitung gemacht"

Damit die Schüler die Arbeit eines Journalisten kennen lernen, wird ein Redakteur der Lokalzeitung eingeladen. Im Fall der Ausbildungsschule arbeitet die Schule durch das Projekt „Zeitungstreff" mit der Lokalzeitung zusammen. Hierbei schreiben die Schüler während der Projektzeit für die Zeitung, die ihre Artikel zu einem großen Teil online oder in der Printausgabe im Bereich „X-Ray" veröffentlicht. Das heißt, dass es hier einen Ansprechpartner für die Schule gibt. Im Rahmen des Projekts gibt es die Möglichkeit einen Redakteur in die Schulklassen einzuladen, der von der journalistischen Praxis berichtet. Besonders für die Schülerzeitung sollte dieses Angebot wahrgenommen werden, um die Schüler in ihrem Interesse tiefgehender zu fördern. In der Schülerzeitungs-AG können die Autoren das Treffen mit dem Redakteur genau vorbereiten, nicht zuletzt weil die Praxisnähe durch die selbst erstellte Online-Schülerzeitung höher ist als zur Zeit der Projektdurchführung „Zeitungstreff". Die Lokalzeitung hat einen Onlineauftritt im Internet und erstellt Zeitungen in der Printausgabe. Das heißt, dass ein Zeitungsredakteur in beiden Bereichen informieren oder Tipps geben kann. Er wird gebeten von seiner Arbeit zu erzählen, während die Schüler zur Vorbereitung überlegen, welche Fragen sie dem Redakteur stellen wollen bzw. was sie besonders interessiert. Das Ziel sind umfassende Informationen über das Berufsbild des Journalisten und seiner Praxis.

Weiterhin kann den Schülern zur Vorbereitung die Aufgabe gegeben werden, einen Ordner mit allen geschriebenen Artikeln zu erstellen. Dieser soll die Artikel der Online-Schülerzeitung im Überblick zeigen, so dass der Redakteur sich über die Arbeit der Schüler informieren kann. Das Ziel liegt darin, dass die Schüler diesen Ordner als eine Art Bewerbung abgeben, damit sie nicht nur für die Online-Schülerzeitung schreiben, sondern auch Artikel in der Lokalzeitung im Bereich X-Ray erscheinen können. Dieser Bereich ist besonders für junge Leser konzipiert worden und es werden stetig junge Autoren gesucht, die diesen Bereich mitgestalten.

Eine weitere Aufgabe ist der Besuch im Druckhaus der Lokalzeitung. Hierbei erfahren die Schüler eine Führung durch die verschiedenen Abteilungen des Druckhauses. Das heißt, dass es nicht nur um das Bedrucken der Zeitung in den Maschinen geht, sondern auch die Planung der Seiten, d.h. wie die Aufteilung der Artikel geschieht, wo erscheinen die Werbepartner, welche Schritte werden am Computer durchgeführt und wie geht die geplante Zeitung letztendlich in den Druck und kommt als Papierzeitung zu den Haushalten. Das Ziel ist, dass die Schüler einen Gesamteindruck über die Herstellung einer Zeitung erhalten. Auch hier gilt, dass eine Online-Schülerzeitung eben Artikel online veröffentlicht und damit wichtige Schritte der Herstellung einer Zeitung in Papierform verborgen bleiben. Die Schüler erfahren, wie die Abteilungen zusammenarbeiten, wie die Kommunikation verläuft und mit welchen technischen Mitteln die Lokalzeitung arbeitet.

8   Evaluation

Eine umfassendere Evaluation über Themen, Arbeit der Online-Schülerzeitung, Arbeitsverhalten usw. sollte erst durchgeführt werden, wenn der Schülerschaft die Seite bekannt ist. Anfangs ist die Schülerzeitung noch in der Aufbauphase, so dass zunächst Ziele gesetzt werden sollten, die am Ende des Schuljahres evaluiert bzw. bewertet werden können. Diese Evaluation wird sich auf die Zusammenarbeit der Schüler und Lehrer beziehen, um das Konzept der Online-Schülerzeitung und den Unterricht im Rahmen der AG weiter zu entwickeln.

Aber nicht nur die Arbeit der Arbeitsgemeinschaft unter sich sollte evaluiert werden, sondern die Schüler sollten auch eine externe Rückmeldung zu ihrer Arbeit bekommen. Das heißt, dass auch die Schülerschaft bspw. durch einen Fragebogen befragt wird, wie sie die Online-Schülerzeitung bewerten, z.B. die Themenwahl oder die Gestaltung der Seite. Dazu gibt es zwei Möglichkeiten, die sich hier anbieten. Zum einen kann man auf der Schülerzeitungsseite im Netz eine Pdf-Datei bereitstellen, auf der der Fragebogen enthalten ist. In der Schule könnte eine Art Briefkasten aufgestellt werden, so dass die Schüler ihren Fragebogen einwerfen können. Zum anderen könnte die Evaluation über die Rubrik „Umfragen" gesteuert werden. Das heißt, dass die Schüler die Rubrik anklicken und dort einen Fragenkatalog vorfinden, bei dem sie ihre Bewertung per Klick eingeben. Die Auswertung verläuft direkt nach dem Klick. Einen Fragebogen auf der Seite online zu stellen oder dort direkt den Fragenkatalog unter der Rubrik „Umfragen" anzusiedeln hat jedoch Nachteile. Wenn die Schülerzeitung eine umfassende Bewertung der Schülerschaft will, so sollten möglichst viele Schüler erreicht werden. Stellt man den Fragebogen auf die Webseite, so wird nur der regelmäßige Leser seine Bewertung abgeben. Um eine große Anzahl Schüler zu befragen, sollte daher eine Evaluation durch einen Fragebogen geschehen, der zu Beginn der Stunde von jedem Schüler ausgefüllt wird. Auf diese Weise bekommt die Schülerzeitung nach der Auswertung auch eine Rückmeldung von den Schülern, die die Webseite nur selten lesen. Dabei können die Schüler Verbesserungsvorschläge einreichen, auf die die Arbeitsgemeinschaft dann reagieren kann.[31]

---

[31] Evaluationsfragebogen (siehe Anhang)

9   Evaluation der Lehrerfunktionen

Im Konzept besteht ein hoher Bezug zu den Lehrerfunktionen. Zunächst steht das „Unterrichten" an oberster Stelle, denn die Schüler lernen in der Arbeitsgemeinschaft der Schülerzeitung vertieft die Grundlagen zur Erstellung einer Online-Schülerzeitung. Dazu gehört, dass die Inhalte didaktisch reduziert werden, damit die Schüler der Sprache und den Anforderungen der Unterrichtsgegenstände gerecht werden können, bspw. beim Modul „Gesetzliche Grundlagen". Bei der Gestaltung und Erstellung der Online-Schülerzeitung werden verschiedene methodische Angebote für die Schüler gemacht, wie z.B. das Lösen von Fallbeispielen oder Rollenspiele. Damit wird bei der Umsetzung ein breiteres Repertoire an Unterrichtsformen eingesetzt, die motivierend sind und gleichsam den unterschiedlichen Lerntypen gerecht werden können. Da in der Arbeitsgemeinschaft Schüler der Klassen 8-10 teilnehmen, wurde im Konzept den Lernvoraussetzungen und dem Entwicklungsstand der jüngeren Schüler Sorge getragen. Durch die Möglichkeit der arbeitsteiligen Gruppenarbeit, z.B. beim Teilbereich Sprache, kann niveaudifferenziert gearbeitet werden. Die Schüler nehmen diese Arbeitsformen in der Schülerzeitung-AG sehr gern wahr, so dass jeder Schüler sich als wichtigen und mitwirkenden Teil der Schülerzeitung versteht.

Die Lehrerfunktionen „Evaluieren, Innovieren und Kooperieren" nehmen ebenfalls einen sehr hohen Stellenwert ein. Zunächst ist eine Online-Schülerzeitung eine neue Entwicklungsidee an vielen Schulen. Vor längerer Zeit startete der Versuch eine Schülerzeitung in gedruckter Form für die Schüler zu erstellen und zu verkaufen. Dieses Unternehmen scheiterte vor allem an den Kosten der Schülerzeitung, die durch die verkauften Exemplare nicht mehr gedeckt werden konnten. Aus diesem Bedarf und gleichzeitiger Betrachtung der Probleme in der Vergangenheit erwuchs die Idee eine Online-Schülerzeitung zu erstellen, die keine Druckkosten birgt, schnell aktualisiert werden kann und keine Begrenzung an Seitenzahlen hat. Das heißt, dass hier die Funktion der Innovation besonders im Vordergrund steht. Auch die enge Kooperation der Ausbildungsschule mit dem Remscheider Generalanzeiger schafft eine hohe Praxisnähe und die Schule kann die Angebote der Zeitung nutzen. Dazu zählen die Möglichkeiten einen Redakteur in die Schule einzuladen, eine Besichtigung des Druckhauses, die Veröffentlichung der Zeitungsartikel im Bereich X-Ray und die Bereitstellung von wichtigem Material zur journalistischen Praxis. Durch diese Kooperation werden die beruflichen Kompetenzen weiterentwickelt, indem im Konzept eine Vorgehensweise vorgibt und ein stetiger Austausch über Möglichkeiten und Weiterentwicklungen stattfinden kann. Als letztes wird die Arbeit der Schülerzeitung evaluiert. Auf der Grundlage dieser Bewertung, die einmal innerhalb der AG stattfindet und durch die Schülerschaft, kann aus den Ergebnissen eine Konsequenz für die Weiterarbeit der AG gezogen werden. Somit wird auf eine dauerhafte Weiterentwicklung der Online-Schülerzeitung abgezielt.

10   Übertragbarkeit des Konzepts und Ausblick

Dieses pädagogische Konzept soll in Zukunft in verschiedenen Schulen angewendet werden können, um eine Online-Schülerzeitung zu erstellen und zu gestalten. Vor allem die Schulen in Remscheid und Umkreis können bereits von der Kooperation mit dem Remscheider Generalanzeiger profitieren. Dies gilt auch für andere Schulen, die sich am Projekt „Zeitungstreff" beteiligen oder den Kontakt zur Jugendarbeitsabteilung der Zeitung suchen.

Für die einzelnen Module gibt es weitere Tipps, die für die Arbeit mit der Arbeitsgemeinschaft wichtig sein können. Traut sich der leitende Lehrer der Schülerzeitung den Umgang mit der Technik im Web nicht zu, so kann hier noch einmal betont werden, dass fächerübergreifendes Lernen in Kooperation mit dem Informatikkurs eine Möglichkeit ist. Die Arbeit mit der Homepage erfordert ein Fachvokabular, das man lernen muss. Ohne Hilfe kann der Weg zur Homepage schwieriger werden. Viele Hilfen findet man in der Literatur, die auch für Anfänger das Programmiervokabular verständlich erklären. Jedoch würde ich im Sinne kooperativer Arbeit informatikkundige Schüler einladen, die einzelne Schritte anleiten können. Besonders empfehlenswert bei der Gestaltung der Seite ist das Programm „Joomla". Damit auch Laien die Seite aktualisieren können und die Gestaltung vereinfacht wird, sollte unbedingt darauf geachtet werden, dass dieses Programm enthalten ist. Durch eine übersichtliche Bedienung kann der Administrator schneller und einfacher generieren.

Das Vorgehen bei der Ausbildung der Schüler in der journalistischen Arbeit kann diesem Konzept entnommen werden. Hier ist durch die Umsetzungsvorschläge sowie dem Arbeitsmaterial eine Übertragbarkeit auf andere Schulen gewährleistet. Da die grundlegenden Elemente wie Recherche, Schreiben oder gesetzliche Grundlagen erklärt wurden, bietet sich hier ein Informationspool, der auch individuelle Arbeitsmaterialien zulässt. Das heißt, dass durch die Ausformulierung der zu lernenden Inhalte auch individuelles Material erstellt werden kann, das auf die hier genannten Informationen zurückgreift. Auch das Modul „Gesetzliche Grundlagen" kann aufgrund der Informationsgrundlage und den Umsetzungsmöglichkeiten auch auf andere Schulen übertragen werden.

Eine Kooperation mit der Lokalzeitung sowie die Bereitschaft eine Schule in der Arbeit der Online-Schülerzeitung zu unterstützen kann u.U. eine Barriere für eine Schule sein. Nicht alle Lokalzeitungen haben eine Rubrik, die von Jugendlichen mitgestaltet wird und die junge Talente für die Zeitungsarbeit suchen. Daher gilt es, zunächst Kontakt zur Lokalzeitung aufzunehmen und das Interesse für eine Kooperation anzukündigen. Hieraus könnte die Möglichkeit erwachsen, ebenfalls Artikel in der Lokalzeitung zu veröffentlichen. Wünschenswert wäre natürlich, dass die Schule einen festen Ansprechpartner bei der Zeitung hätte, der den Schülern wichtige Tipps geben kann, z.B. zur Themensuche, oder den Schülern bei einem Besuch von seiner Arbeit erzählt.

Literaturverzeichnis

Busse, S. (2002): Neue Medien in der Schule. Widersprüche – Perspektiven – Konsequenzen, Essen

Fischer, J.K. (2008): Medienrecht und Medienmärkte, Berlin Heidelberg

Krohn, T. (2007): Sz-Tipps. Reader für die Schülerzeitungsarbeit, Frankfurt/Main

Lecke, B. (2003): Medienpädagogik, Literaturdidaktik und Deutschunterricht. In: Kämper-van den Boogaart, M. (2003): Deutsch Didaktik. Leitfaden für die Sekundarstufe I und II, Berlin

Ministerium für Schule, Jugend und Kinder des Landes Nordrhein-Westfalen (2004): *Kernlehrplan für die Realschule – Sekundarstufe I in Nordrhein-Westfalen*. Deutsch, Frechen (H. 3315)

Rager, G. / Pidun, A. / Kuczera, S. (2009): Zeitungstreff rga., o.O.

Spencer, H. / Johnson, R. P. (2003): Technology Best Practices, New Jersey

Sochowski, T. (2010): Wie kommt die Zeitung ins Netz? In: Jugendpresse Deutschland e.V. / Junge Medien Schweiz / Jugendpresse Österreich (Hrsg): Online-Handbuch für junge Medienmacherinnen und Medienmacher (2010), o.O.

Tonnemacher, J. (2003): Kommunikationspolitik in Deutschland, Stuttgart

Zappe, C. (2011): Medienrecht 2.0. Jura für Medienmacher, Norderstedt

Internetquellen:

http://alfahosting.de/ (Letzter Zugriff am 01.05.2011)

http://filezilla-project.org/ (Letzter Zugriff am 01.05.2011)

http://www.joomlaos.de/index.php?set_albumName=album12&id=jnotepad_chaos16&option=com_galle
(Letzter Zugriff am 27.04.2011)

Anhang

Aufbau einer Zeitung

Rechercheplan

Fragetechniken im Interview

Wichtige und unwichtige Informationen bewerten

Geschichte über einen Ausflug nach Düsseldorf

Verletzte Sätze

Welche W-Fragen wurden beantwortet

Fallbeispiele für gesetzliche Grundlagen

Evaluationsbogen

Rechercheplan

„In wenigen Schritten zur guten Recherche"

Schritt	Leitfrage in diesem Schritt	Wo suche ich nach Informationen
1. Bedeutsamkeit des Themas	Betrifft es die Menschen von heute/ Wird aktuell viel darüber berichtet?	Internetrecherche oder Zeitungsrecherche
2. Schwerpunkt unseres Berichtes	Welche Gesichtspunkte unseres Themas sind besonders interessant? Was wurde selten angesprochen?	Befragung von Institutionen oder Organisationen, Internetrecherche, Zeitungsartikel, Zeitungsarchive
3. Sammlung von Informationen	Habe ich alle Informationen gesammelt, um umfassend informieren zu können?	Befragung von Institutionen, Organisationen, Internetrecherche, Zeitungsartikel, Zeitungsarchive
4. Auswertung der Informationen	Sind die Quellen seriös? Sind alle Informationen richtig und vollständig? Gibt es Widersprüche? Bleiben Fragen offen?	
5. Interviewpartner suchen	Welche Fachleute können interviewt werden. Welche Perspektiven sind wichtig (Fachleute, Betroffene, Verantwortliche)	Telefonisch Kontakte erfragen, im Internet nach Telefonnummern und eMail-Adressen suchen
6. Interviews planen	Welche Fragen sollen gestellt werden? Welche Erklärungen möchte ich wissen/hören? Welche Informationen muss ich vor dem Interview wissen (über das Thema oder den Interviewpartner)?	Im Internet über verschiedene Frageformen informieren (offene, geschlossene Fragen).
7. Interview führen	Wie dokumentiere ich die Informationen des Interviews? Habe ich Aufgaben verteilt, z.B. Wer stellt die Fragen und wer schreibt mit? Habe ich Namen, Vornamen und Funktion (z.B. Polizeichef) erfragt?	
8. Informationen zusammenführen	Wurden alle wichtigen Fragen beantwortet? Sind Sachlage, Ursachen und Folgen klar?	Mitschriften der Interviews und Unterlagen der Internetrecherche mit Quellenangaben.

Arbeitsblatt: Fragetechniken im Interview

Interviews sind eine spannende Sache. Man weiß nie, welchen Gesprächspartner man bekommt. Möglicherweise redet die Person sehr viel und gehört zur Gruppe der Viel-redner oder sie ist eher zurückhaltend und beantwortet Fragen nur einsilbig mit Ja und Nein. Deswegen sollte man die Fragetechniken in Interviews kennen, damit man ent-sprechend auf den Gesprächspartner reagieren kann.

Geschlossene Fragen: So nennt man Fragen, auf die mit Ja und Nein geantwortet werden kann, z.B.: Ist die Zahl der Unfälle in den letzten Jahren in Münster gestiegen? Sind bei den Unfällen häufig Fahrradfahrer beteiligt?

Offene Fragen: So nennt man Fragen, die zu einer konkreteren Antwort auffordern und nicht mit Ja oder Nein beantwortet werden können, z.B.: In welcher Weise betreibt die Stadt Münster Aufklärung zur Verkehrssicherheit? Warum verunglücken trotzdem so viele Fahrradfahrer?

Uneinschränkende offene Fragen: So nennt man Fragen, die so offen gestellt sind, dass dem Interviewpartner keine bestimmte Antwortmöglichkeit offengelegt wird. Diese Fragen sind meist sehr kurz und eher ungenau gestellt, z.B.: Welche Aussichten haben Fahrradfahrer in Münster?

Aufgabe:

1. Überlegt euch zu einem Thema jeweils einige geschlossene, offene und unein-schränkende Fragen!

2. Spielt ein Interview vor, in dem ihr die Rolle des Interviewers und des Inter-viewten einnehmt! Der Interviewte wechselt zwischen den Rollen Vielredner und schweigsamer Gesprächspartner!

3. Diskutiert, welche Fragetechnik sich für welchen Gesprächspartner am besten eignet!

Arbeitsblatt: Wichtige und unwichtige Informationen unterscheiden

Aufgabe: Beurteilt den Schülerzeitungsbericht? Welche Informationen fehlen? Welche sind überflüssig?

Fahrradfahrsicherheit auf Schulweg

Wir, die Klasse 8c der Gärtnerschule, haben eine Umfrage zum Thema „Fahrradfahrsicherheit auf dem Schulweg" gemacht. Wir wollten wissen, wie viele Schüler schon in brenzliche Situationen geraten sind, an welchen Stellen und aus welchen Gründen. Dazu haben wir uns um 10.00 Uhr alle zusammen auf dem Schulhof getroffen. Einige Schüler haben den Termin vergessen und waren gar nicht vorbereitet. Trotzdem durften sie natürlich mitmachen. Bei regnerischem Wetter waren wir froh, dass wir die Schüler im Schulgebäude befragen konnten.

Bei der Umfrage kamen wir zu dem Ergebnis, dass sich immer mehr Schüler sicher auf dem Schulweg fühlen. Unsere Statistik zeigt, dass Jungen sich sicherer auf dem Schulhof fühlen als Mädchen. 25 Prozent der Befragten fühlen sich auf dem Schulweg unsicher und großen Gefahren ausgesetzt. 50 Prozent fahren mit einem Fahrradhelm.

Dass das Fahren auf dem Fahrrad ohne Sicherheitsvorkehrungen große Risiken in sich birgt, ist vielen nicht bewusst. Laut einer Internetquelle kann schon bei niedrigen Geschwindigkeiten die Kollision mit einem Auto schwere Verletzungen verursachen und tödlich sein.

Die meisten Schüler tragen keinen Helm, da sie ihn als uncool empfinden. Die Beratungsstelle für Verkehrssicherheit bietet Jugendlichen ein Fahrsicherheitstraining an und zeigt u.a. Filme über die Folgen des Fahrens ohne Fahrradhelm. Herr Münster bietet sogar persönlich ein Training für Schulen an.

Wir finden, dass das Fahren ohne Helm ein leicht vermeidbares Risiko ist. Deswegen wollen wir mit diesem Bericht wachrütteln und zum Nachdenken anregen.

Arbeitsblatt: Wichtige und unwichtige Informationen unterscheiden

Aufgabe: Beurteilt den Schülerzeitungsbericht? Welche Informationen fehlen? Welche sind überflüssig?

Fahrradfahrsicherheit auf Schulweg	<u>Notizen</u> Einstieg_verbessern_(kein Erlebnisaufsatz_der_8c)
Wir, die Klasse 8c der Gärtnerschule, haben eine <u>Umfrage zum Thema „Fahrradfahrsicherheit auf dem Schulweg" gemacht.</u> Wir wollten wissen, wie viele Schüler schon in brenzliche Situationen geraten sind, an welchen Stellen und aus welchen Gründen. <u>Dazu haben wir uns um 10.00 Uhr alle zusammen auf dem Schulhof getroffen. Einige Schüler haben den Termin vergessen und waren gar nicht vorbereitet. Trotzdem durften sie natürlich mitmachen. Bei regnerischem Wetter waren wir froh, dass wir die Schüler im Schulgebäude befragen konnten.</u>	Informationen_unwichtig Rahmenhandlung_unwichtig
Bei der Umfrage kamen wir zu dem Ergebnis, dass sich <u>immer mehr Schüler sicher auf dem Schulweg fühlen.</u> Unsere Statistik zeigt, dass Jungen sich sicherer auf dem Schulhof fühlen als Mädchen. <u>25 Prozent der Befragten</u> fühlen sich auf dem Schulweg unsicher und großen Gefahren ausgesetzt. 50 Prozent fahren mit einem Fahrradhelm.	Im_Vergleich_wozu? 25_Prozent_wovon?_Wie viele_Schüler_wurden_befragt?
Dass das Fahren auf dem Fahrrad ohne Sicherheitsvorkehrungen große Risiken in sich birgt, ist vielen nicht bewusst. <u>Laut einer Internetquelle</u> kann schon bei niedrigen Geschwindigkeiten die Kollision mit einem Auto schwere Verletzungen verursachen und tödlich sein.	Internetquelle_reicht_als Quellenangabe_nicht_aus
<u>Die meisten Schüler tragen keinen Helm, da sie ihn als uncool empfinden.</u> Die Beratungsstelle für Verkehrssicherheit bietet Jugendlichen ein Fahrsicherheitstraining an und zeigt u.a. Filme über die Folgen des Fahrens ohne Fahrradhelm. <u>Herr Münster</u> bietet sogar persönlich ein Training für Schulen an.	Wer_sagt_das?_Hier_benötigt man_ein_Expertenzitat Welche_Funktion_hat_Herr_ Münster
<u>Wir finden, dass das Fahren ohne Helm ein leicht vermeidbares Risiko ist. Deswegen wollen wir mit diesem Bericht wachrütteln und zum Nachdenken anregen.</u>	Meinungen_rauslassen

Arbeitsblatt zum Thema: **„Aufbau einer Zeitung"**

Aufgabe: Mache dir Notizen zu der Frage, welche Rubriken es in der Zeitung gibt und welche Themen in diesen Rubriken erscheinen. Lies dir dazu die Überschriften und einige Artikel durch!

Rubrik: _____

Notizen:

_____

_____

_____

_____

Rubrik: _____

Notizen:

_____

_____

_____

_____

Rubrik: _____

Notizen:

_____

_____

_____

_____

Rubrik: _____

Notizen:

_____
_____
_____
_____

Rubrik: _____

Notizen:

_____
_____
_____
_____

Rubrik: _____

Notizen:

_____
_____
_____
_____

Rubrik: _____

Notizen:

_____

_____

_____

_____

_____

Viel Spaß dabei!

Geschichte: „Von einem Klassenausflug nach Düsseldorf erzählen"

Vor einer Woche hat die Klasse 8c einen Ausflug gemacht. Marina erzählt sehr ausführlich, was auf dem Klassenausflug unternommen wurde.

Wir sind um acht Uhr morgens mit dem Bus in Richtung Düsseldorf gestartet. Auf der Fahrt haben alle Schüler ihre Süßigkeiten ausgepackt und wir haben erstmal alle Leckereien aufgegessen. Danach haben wir uns die Zeit vertrieben, indem wir in Jugendzeitschriften rumgeblättert haben und die neusten Modentrends herausgefunden haben. Über einige Trends mussten wir richtig lachen, weil sie fast witzig aussahen. Später sind wir endlich in Düsseldorf angekommen, wo wir alle sofort aus dem Bus stürmten. Dort sollten sich alle Schüler die Moschee ansehen und eine Führung mitmachen. In der Moschee durften wir uns zunächst die Mehrzweckräume ansehen. Im Keller war eine Art kleiner Supermarkt, in dem man Gemüse und Obst kaufen konnte, dass es nicht in jedem Supermarkt gibt. Auch Produkte, die man sonst nur in den arabischen Ländern kaufen kann, wurden dort verkauft. Mein Freund Tom hat sich dort einen arabischen Schokoriegel gekauft, der so seltsam geschmeckt hat, dass er ihn weggeworfen hat. Wir haben uns köstlich darüber amüsiert. Vor allem, weil Tom nachher richtig Übel geworden ist. Im Keller waren ein Gemeinschaftsraum und eine Küche. Dort können die Moslems essen und sich mit anderen Moslems treffen. Danach gingen wir die Treppen herauf, um zum Gebetsraum zu kommen. Alle Schüler mussten dort ihre Schuhe ausziehen, weil dieser Raum rein gehalten werden muss und der Boden mit Teppich ausgelegt ist. Tom versuchte seine Socken zu verstecken, weil ein großes Loch an seinem linken Socken zu sehen war. In dem Gebetsraum gab es keine Bänke, weil die Moslems sich beim Beten auf den Teppich setzen. Ein Mann der muslimischen Gemeinde erklärte uns genau, wie man sich beim Gebet verhalten muss. Bevor das Beten beginnt, muss man die Hände und das Gesicht waschen. Erst danach darf man den Koran, die muslimische Gebetschrift anfassen. Er erklärte außerdem, dass ein Mann beim Beten nicht gestört werden darf und er immer in Richtung Mekka betet, da dies ein wichtiger Ort für die Muslime ist. Nach der Führung durften wir an einem echten muslimischen Gottesdienst teilnehmen. Ein Iman betete in der arabischen Sprache und wir konnten die Gebetshaltungen der Muslime während des Betens beobachten.

Aufgabe:

Lest euch die Geschichte genau durch und bereitet ein Rollenspiel zu folgenden Situationen vor!

1. Marina trifft am nächsten Tag ihre Oma, die sehr interessiert ist, was ihre Enkelin in Düsseldorf gesehen und gelernt hat.

2. Danach trifft sie ihren Freund, der sich auch für den Ausflug interessiert.

Überlegt genau, welche Informationen Marina ihrer Oma erzählen würde und welche ihrem Freund?

Arbeitsblatt zum Thema:

„Verletzte Sätze"

Aufgabe: Ihr seht hier Sätze, die leider verletzt sind. Das heißt, dass wichtige Regeln zum Schreiben eines Zeitungsartikels nicht beachtet wurden. Übernehmt die Funktion von Satzärzten und schreibt die Sätze in richtiger Form in die darunter stehenden Zeilen! Achtet dabei auf die Regeln, die gemeinsam erarbeitet wurden!

1. Der Trainer spricht in euphemistischer Weise über das Fußballspiel seiner Mannschaft. Obwohl sie das Spiel verloren, deklarierte er das Spiel als Sieg, denn die Mannschaft habe sich trotzdem gut geschlagen.

Besser:

_____

_____

_____

_____

_____

2. Am schönsten Tag der ganzen Woche und bei strahlendem Sonnenschein kam es um 17.40 am späten Nachmittag zu einem grausigen Wildunfall, bei dem viele Schaulustige zum Unfallort kamen, um das zerstörte, rote Auto zu betrachten.

Besser:

_____

_____

_____

_____

_____

3. Durch die Veröffentlichung der geheimen Dokumente über den Ausbruch der Schwerverbrecher aus der JVA Iserlohn haben nun viele Menschen Angst, dass noch mehr Verbrechern aus dem Gefängnis die Flucht gelingt.

Besser:

_____

_____

_____

_____

_____

4. Nehmen Sie eine der sechs Schrauben aus der Tüte, die Sie vorsichtig öffnen und nehmen Sie dann den Schraubenschlüssel, der ebenfalls mitgeliefert wurde, um nun das kurze braune Brett mit dem langen braunen Brett miteinander zu verschrauben.

Besser:

_____

_____

_____

_____

_____

5. Gestern wurde ein Schüler der Ludgerus-Schule mit gezielten Schlägen in das Gesicht seines Gegners und nach einem langen, blutigen Kampf endlich zum Boxmeister des örtlichen Boxvereins gekürt.

Besser:

_____

_____

_____

_____

_____

Arbeitsblatt: „Welche W-Fragen wurden beantwortet?"

Unfall auf der Weseler Straße

Am Freitagabend ging ein Notruf in der Polizeistelle Münster ein. Ein von einem Bauernhof nahe der Weseler Straße entlaufener Esel kreuzte die Fahrbahn in Höhe Subway und wurde von einem Bus erfasst. Bei dem Unfall gab es keinen Personenschaden. Der Esel verstarb direkt an der Unfallstelle aufgrund seiner schweren inneren Verletzungen durch den Zusammenprall. Dies erklärte der Polizeisprecher der Polizei Münster Hubert Mustermann.

Quelle: Münster Zeitung, 25.09.2000

Aufgabe: Formuliere die W-Fragen zu der Nachricht und beantworte sie!

	Frage	Antwort
Wer?		
Was?		
Wo?		
Wann?		
Wie?		
Warum?		
Welche Quelle?		

Arbeitsblatt zum Thema:

„Fallbeispiele für gesetzliche Grundlagen"

Aufgabe: Lies dir die folgenden Gesetze durch! Bewerte anschließend die Fallbeispiele, welcher Verstoß gegen welches Gesetz vorliegt!

Gesetz 1: **Persönlichkeitsrecht**

Im Grundgesetz ist festgelegt, dass die Privatsphäre eines Menschen nicht verletzt werden darf. Das heißt, dass ein Mensch ein Persönlichkeitsrecht hat, das nicht in der Öffentlichkeit, z.B. in der Zeitung, veröffentlicht werden darf. Dieses Gesetz wird verletzt, wenn man bspw. eine Person und ihre Aussagen falsch wiedergibt oder ohne Erlaubnis der Person persönliche Bilder veröffentlicht. Dann greift man in die Privatsphäre und Intimsphäre einer Person ein.

Gesetz 2: **Urheberrecht**

Das Urheberrecht besagt, dass ein Mensch das Recht auf geistiges Eigentum hat. Dazu gehören Dinge, die man nicht anfassen kann, die aber trotzdem einer Person gehören, wie z.B. Texte. Texte darf man nicht einfach kopieren, ohne zu kennzeichnen, von wem sie kommen. Auch Fotos und Bilder aus dem Internet darf man nicht einfach kopieren und vervielfältigen. Das Urheberrecht regelt, dass ein Werk zum Autor und Hersteller gehört, egal ob Text, Bild, Foto oder ähnliches. Niemand darf sein Werk kopieren.

Gesetz 3: **Sorgfaltspflicht eines Journalisten**

Die Sorgfaltspflicht eines Journalisten besagt, dass er sich umsichtig verhalten muss, alle Informationen sorgfältig recherchieren muss, damit keine falschen Informationen an die Öffentlichkeit gelangen. Ein Journalist muss alle Fakten kennen, weil er den Menschen in den Artikeln ansonsten ein falsches Bild über einen Sachverhalt vermitteln würde. Das heißt, er muss eine Informationsquelle auf ihre Glaubwürdigkeit überprüfen und einen Sachverhalt aus verschiedenen Blickwinkeln beleuchten, damit ein Leser sich gut informieren kann.

Fallbeispiele:

a. Der Schüler Thomas möchte sich für die Schülerzeitung fotografieren lassen, damit er sich auf der Seite der Online-Schülerzeitung als Schulsprecher vorstellen kann. Thomas ist allerdings noch 15 Jahre und hat keine schriftliche Einverständniserklärung seiner Eltern.

Verstoß:_____

b. Katharina möchte einen Zeitungsartikel über die Gefahren des Rauchens schreiben. Leider weiß sie noch nicht genau, welche Folgen das Rauchen haben kann. Deswegen gibt sie bei einem Online-Lexikon den Suchbegriff „Rauchen" ein und kopiert den Inhalt der Seite in ihren Zeitungsartikel. In der Schule berichtet sie, dass sie den Artikel selbst verfasst hat.

Verstoß:_____

c. Florian hat ein Interview mit einer Lehrerin geführt, die sich über das Thema „Mobbing" geäußert hat. Leider hat er kein Tonbandgerät mitgenommen und weiß nicht mehr genau, was die Lehrerin alles erzählt hat. Er schreibt in seinen Zeitungsartikel, dass die Lehrerin X gesagt habe, sie interessiere sich nicht für Mobbing, das sei doch an jeder Schule schon vorgefallen. In Wirklichkeit sagte die Lehrerin: „Mobbing ist ein Alltagsproblem, dass es an jeder Schule gibt."

Verstoß:_____

d. Anna möchte einen Zeitungsartikel über das Thema „Kinder lesen Bücher" schreiben. Dazu befragt sie ihre Mutter, welche Bücher Kinder lesen. Ihre Mutter benennt einige Bücher, die sie als Kind gelesen hat. Danach schreibt Anna den Artikel und holt sich keine weiteren Informationen ein. Die Kinder befragt sie sich gar nicht!

Verstoß:_____

„Evaluationsbogen für die Online-Schülerzeitung"

1. **Insgesamt würde ich die Arbeit an der Online-Schülerzeitung als interessant und lehrreich bewerten.**

    Ja O   Nein O   Teilweise O

Kommentar:_____

2. **Ich habe verstanden, wie man eine Online-Schülerzeitung erstellt und welche Schritte dazu nötig sind?**

    Ja O   Nein O   Teilweise O

Kommentar:_____

10.1   *Wenn „nein" oder „teilweise" angekreuzt wurden*:

Das liegt daran,

dass mir manche Wörter der Computersprache unklar sind.   O

die Schritte zu schnell erklärt wurden.   O

die Schritte nicht genau genug erklärt wurden.   O

mich eher das Schreiben als das Programmieren interessiert.   O

Kommentar: _____

3. Ich habe verstanden, wie ich bei der Recherche vorgehen muss und weiß, woher ich Informationen bekommen kann.

Ja O   Nein O   Teilweise O

Kommentar: _____

4. Ich habe verstanden, wie ich einen Zeitungsartikel schreiben kann und welche Regeln ich dabei beachten muss.

Ja O   Nein O   Teilweise O

Kommentar:

_____
_____
_____
_____

5. Ich habe die gesetzlichen Grundlagen verstanden und weiß, wie ich einen Verstoß vermeiden kann!

Ja O   Nein O   Teilweise O

Kommentar:

_____
_____
_____
_____

6. Ich habe während des Schreibens viele Hilfestellungen von meiner Lehrerin bekommen!

Ja O   Nein O   Teilweise O

a)   Wenn „Nein" oder „Teilweise" angekreuzt wurde: Was wünscht du dir von deiner Lehrerin?

Kommentar:

_____

_____

_____

_____

7. Der Besuch des Redakteurs war für mich interessant und ich habe viele Tipps bekommen!

Ja O   Nein O   Teilweise O

Kommentar:

_____

_____

_____

8. Der Besuch im Druckhaus war für mich interessant und ich habe viel über die Erstellung der Tageszeitung gelernt!

Ja O   Nein O   Teilweise O

Kommentar:

_____

_____

_____

_____

**9. Bei den Treffen der Arbeitsgemeinschaft haben alle Schüler zusammen ge-
arbeitet und sich ausgetauscht!**

Ja O   Nein O   Teilweise O

Kommentar:

_____

_____

_____

_____

10.   Besonders doof fand ich an der Arbeit mit der Online-Schülerzeitung:

_____

_____

11.   Besonders gefallen hat mir:

_____

_____

12. Ich würde folgende Verbesserungen vorschlagen:

_____

_____

_____